DATE DUE

SEP 2 1 2001	
OCT 1 2001	APR 1 7 2003
OCT 1 0 2001	
NOV 2 8 2001	JUL 1 9 2003
12/20/01	AUG 0 6 2003
	OCT 2 5 2003
FEB 2 5 2002	
SEP 1 7 2002	NOV 1 2 2003
DEC 1 4 2002	MAR 1 8 2004
	JUL 1 9 2004
	OCT 1 2 2004
	NOV 1 8 2004
	JUN 1 5 2005

Rookie
español

¡GATITOS!

Escrito por Larry Dane Brimner
Ilustrado por Tom Payne

ney

Para mis amigos de la escuela primaria West Sedona
—L.D.B.

Especialistas de la lectura
Linda Cornwell
Coordinadora de Calidad Educativa y Desarrollo Profesional
(Asociación de Profesores del Estado de Indiana)

Katharine A. Kane
Especialista de la educación
(Jubilada de la Oficina de Educación del Condado de San Diego,
California y de la Universidad Estatal de San Diego)

Traductora
Jacqueline M. Córdova, Ph.D.
Universidad Estatal de California, Fullerton

Visite a Children's Press® en el Internet a:
http://publishing.grolier.com

Información de publicación de la Biblioteca del Congreso de los EE. UU.

Brimner, Larry Dane.
  [Cats! Spanish]
  Gatitos! / escrito por Larry Dane Brimner; ilustrado por Tom Payne.
  p. cm. — (Rookie español)
  Resumen: Una niña se divierte jugando con unos gatos.
  ISBN 0-516-22024-1 (lib. bdg.)   0-516-27007-9 (pbk.)
  [1. Gatos—ficción. 2. Libros en español.] I. Payne, Tom, il. II. Título. III. Serie
PZ73.B682   2000
[E]—dc21   00-024166

GROLIER
PUBLISHING

¡Gatitos!

Entren, gatitos.

5

Vamos a jugar, gatitos.

¡Por favor, gatitos!
Quédense en el piso.

9

No se columpien, gatitos.

11

No peleen, gatitos.

¡No, gatitos!
No arañen la puerta.

¿Qué es esto, gatitos?
Un hilo, gatitos.

Agárrenlo, gatitos—
si pueden.

Cerca, gatitos.
Casi, gatitos.

Oh, ¡gatitos juguetones!
Los quiero más y más.

Lista de palabras (34 palabras)

a	favor	piso
agárrenlo	gatitos	por
arañen	hilo	pueden
casi	jugar	puerta
cerca	juguetones	qué
columpien	la	quédense
el	los	quiero
en	más	se
entren	no	si
es	oh	un
esto	peleen	vamos
		y

Sobre el autor

Larry Dane Brimner escribe, escribe y escribe. Entre los títulos Rookie Reader que ha escrito para Children's Press se incluyen *How Many Ants?* (*¿Cuántas hormigas?*), *Cowboy Up!* (*¡Arriba, vaquero!*) y *Raindrops* (*Gotas de lluvia*). Cuando no está escribiendo, Larry probablemente está durmiendo la siesta o patinando cerca de la playa.

Sobre el ilustrador

Tom Payne ha sido ilustrador humorístico por mucho tiempo. Sus obras han aparecido en varios libros y revistas. Tom viaja a su estudio, el cual comparte con otros artistas, en Albania, Nueva York, desde su casa cerca de las montañas Helderberg. El vive con su esposa Anne, y su hijo, Thomas.